DESCRIPTION

DE L'EGLISE
ET DU PRESBYTERE
DE
ROUSSILLON
EN MORVAN,
DIOCESE DE NEVERS.

A BASLE.

M. DCC. LVI.

AVIS
DE L'IMPRIMEUR.

Quelques personnes de goût m'ayant parlé de cette petite piéce, comme de quelque chose qui méritoit l'Impression, je m'en suis procuré une copie, & je la donne au Public.

Il paroît que l'Auteur y repond aux reproches que lui avoit fait un de ses amis & apparemment un de ses anciens Confreres d'avoir abandonné ses Oüailles, & quitté une place qu'il remplissoit avec succès. Il n'est effectivement personne, qui à cet échantillon, ne reconnoisse un homme d'esprit, capable sans doute de bien conduire le Troupeau de Roussillon.

DESCRIPTION
De l'Eglife & du Prefbytere de Rouffillon en Morvan.

A Mi dont la verve facile,
En adorant de l'Evangile
La divine fimplicité,
Sçais deffous la poudre & l'argile
D'une chrétienne humilité
Couvrir l'or & la pureté
De l'éloquence & du beau ftile.
Toi, qui dans tes moindres écrits
Avec tant de grace t'exprime,
Qui fuivant l'auftere maxime
De ne chercher que le mépris,

As négligé l'art de la Rime,
De peur d'en emporter le prix ;
Toi, qui par l'oraison sublime,
Concitoyen des saints esprits,
Au bon goût joins la grace intime
Du Dieu dont ton cœur est épris,
Qui guerroyant avec courage
Contre les sept péchés mortels
Dans cent ans sur les saints Autels
Verras encenser ton image,
Et de qui le buste, je gage,
D'un docte lierre empanaché,
Sera par les muses niché,
Près des Sçavans du haut étage ;
Toi, que j'aime encore à la rage,
Et dont ne m'a pas détaché
Du sort le caprice volage,
Que dis-je ? l'ordre toujours sage
Du ciel, qui dès la sainte cage (*)

(*) *Apparemment le Séminaire.*

Nous a l'un à l'autre attaché :
Qui vois d'abord dans un ouvrage
Les défauts dont il est taché,
Et ne lui donne ton suffrage
Qu'après l'avoir bien épluché :
Qui de l'innocent badinage
Ne t'es jamais effarouché,
Comme un J.... sauvage
Qui croit qu'un vers est un péché :
Toi, de qui l'humble conscience
Sçait allier à la science
La modestie & la douceur,
Et donner à la pénitence
Pour compagne la belle humeur ;
Qui n'a pas fait vœu d'ignorance
Dans ce Collége M....
Où l'on nous inspire en entrant
Cette ridicule observance
D'une des loix de l'Alcoran,
Par laquelle il faut qu'on abjure
Le goût de la Litterature ;

A iij

Toi, qui n'as rien de ces dévots,
Toujours prompts à la remontrance,
Qui blamans en toute occurence,
Et s'aveuglans fur leurs défauts,
Idolatrans leurs excellences ,
Péfent à leurs propres balances,
Tout autre mérite à poids faux :
Toi, qui fçais rire fous la haire,
Et fur un front patibulaire
N'affiche point un air contrit :
En un mot ; Toi, qui par l'efprit
A tout le genre humain dois plaire,
Et par le cœur à Jefus-Chrift,
Tu démande des paraphrafes,
Vénérable Apôtre d'Aquin : (*)
Quoi donc ! méchant tourneur de phrafes,
Confrere de feu Triftotin,
Manœuvre du païs Latin,
Ai-je rien de meilleur à faire ?

(*) *Curé de la Paroiffe d'Aquin.*

Je brule de te satisfaire.

    Taisez-vous illustres marmots :
Retirez-vous Jean Despautere ;
Mais avant de quitter la terre
Et me guinder sur les grands mots,
Avant que dans les feints dévots
L'Enthousiasme avec l'Emphase
Jettent le désordre & l'extase,
Et se pénétrent jusqu'aux os,
Ne seroit-il pas à propos
De préluder, comme en Musique.
Long temps avant que d'entonner ?
On entend la troupe harmonique
Demi bas au Chœur fredonner.
Fredonnons donc, daigne permettre
A ma plume de s'essayer,
Et qu'en répondant à ta lettre
Je puisse un instant m'égayer.

    Tu dis qu'en Pasteur mercenaire
Aux loups j'ai laissé mon troupeau,
Et qu'il eût fallu pour bien faire

Pour son salut donner ma peau.
Mais hélas ! le jour est si beau ,
Il est si cher à la nature !
Au-delà de la sépulture
Je sçais qu'il en est un nouveau,
Mais il fait si noir au tombeau ,
Qu'à peine en cette voïe obscure
Qui méne à la clarté future,
De la foi le sombre flambeau
Contre tant d'horreurs nous rassure.
Jesus le vainqueur du trépas ,
Lorsqu'il fallut franchir le pas ,
Malgré les forces infinies
Des deux natures réunies
Lui-même ne frémit-il pas ?
Quoiqu'il eût assurance pleine,
Qu'aux entrailles de la baleine
Qui dévore la race humaine,
Il resteroit moins que Jonas :
Et puis, cette mort salutaire
Devoit sauver toute la terre,

Et d'Enfer vuider la prison ;
Au lieu qu'en mon poſte effroyable
La mienne ſans comparaiſon
De tout mon bercail pitoïable,
N'auroit pû des griffes du diable
Arracher la moindre toiſon.
Eh ! pourquoi mourir ſans raiſon ?
Dom Helem à cette ſequelle (*)
Sçaura faire obſerver la loi,
J'allois m'égarer avec elle,
il la convertira ſans moi :
Et voilà juſtement pourquoi
Je lui mets en main la houlette
Et le charge de mon troupeau,
Sans craindre que je le regrette :
Je n'emporte de ma retraite
De paſtoral que le pipeau.

    Veux tu maintenant de ma Cure
Que je te croque la peinture ?

(*) *Son Succeſſeur.*

D'abord l'Eglife en vérité
Eft un morceau d'architecture
Qui fent bien fon antiquité.
A travers l'une & l'autre vître
En Hyver il neige au pupître,
Il y pleut & grêle en Juillet,
Et les vents tournent le feüillet
De l'Evangile & de l'Epître.
D'ordinaire par ces mutins
Qui tour à tour foufflent fans cefle,
Pendant qu'on dit la grande Mefle
Trois fois les cierges font éteints,
Et lorfqu'à leur fougue indifcrete
Selon que tourne la girouette,
On oppofe un vieil drap de mort
Tantôt au Sud, tantôt au Nord,
La guenille n'eft pas collée
Qu'auffitôt quelque tourbillon
Vient enfevelir l'affemblée
Et le Curé fous le haillon.

   Le jour entre par quatre faces,

Le Chœur auffi n'eft pas obfcur;
On voit le Ciel par les crevaffes,
Et la voûte de chaque mur.

Sur l'Autel fous une goutiere
Eft un retable vermoulu
De cire jaune furfondu,
Et crêpi d'un doigt de pouffiere.
A côté l'on a fufpendu
Les reftes de quelques bannieres,
Ou les miférables lambeaux
De quelques antiques drapeaux.
C'eft la commune conjecture
Que cette vénérable ordure
De quelque bon Seigneur du lieu
Eft une pompeufe capture
Dont il a fait préfent à Dieu.

On ne peut en nulle maniére
Peindre l'enceinte irréguliére
Que forme le baluftre errant ;
Très-fouvent le peuple en entrant
Apporte la fainte barriere

Sur les talons du Célébrant,
Soit en avant soit en arriere,
Elle suit toujours du torrent
De la foule tumultuaire.
Le flux & reflux différent,
Et par ainsi le Sanctuaire
Est tantôt petit , tantôt grand.

    Pour la Nef qui n'est pas voutée
Elle n'a pavé ni plafond,
D'offemens elle est parquetée,
Et c'est un sepulcre profond :
Cette sombre grotte est ornée
Aux deux côtés d'Autels poudreux,
Ou des fimulacres affreux,
Coëffés de toiles d'araignée ,
Conftruits fans doute à la coignée
D'après quelques fpectres hideux
De réprouvés d'ames damnées
Sans figures predeftinées,
Sans aucun trait des bienheureux
Font frayeur aux enfans peureux.

On

On peut quand le Ciel eſt ſans nuë
Diſtinguer la Chaire à prêcher
D'avec l'échelle du clocher ,
L'une eſt à l'autre contiguë ,
Toutes deux ſervent à cacher
Un peu de la muraille nuë,
Et plus ſouvent à trebucher
Les vieillards à courte vuë.

    Du Prône l'uſage eſt proſcrit
Depuis trente ans que l'on n'en fit.
De la Chaire en l'air ſuſpendüe
L'échelle inutile eſt perdüe ,
Le droit d'y monter eſt preſcrit.

    Au donjon de cette maſure
Dans une guerite peu ſûre
Sous une ruche de merrain
Sont deux cymbales diſſonantes,
Moitié de fer , moitié d'airain,
Comme en ſes peintures ſçavantes
Charton en pourroit mettre en main
A des fabuleux Corybantes

B

Autour du berceau de Jupin,
Lors qu'avec cette sonnerie
Le Marguillier de Roussillon
Distingue par le carillon
Le Quadruple de la Férie ,
On croit entendre l'harmonie
Des mortiers d'une pharmacie,
Ou la sotte cérémonie
D'un époux qu'on charivarie ,
Ou la rustique symphonie
Dont aux champs avec un bassin
Un manant ramene un essain
Qui s'envoloit en colonie.

A cette espéce de tocsin
Joins l'horrible cacophonie
De quatre voix de marcassin
Dont l'impudente barbarie
Fabriquant un patois latin
Afflige effrontément l'oüie,
Et se dispute avec furie
L'honneur de primer au lutrin.

Par cette image racourcie
Tu vois comment & dans quels lieux,
Sous une Aube noire de crasse,
Avec des ornemens poüilleux,
Deux ans j'ai chanté la Préface
Au Roi de la terre & des Cieux.

Au Nord-Ouest du Cimetiere
Il est une vieille chaumiére,
Où tout entre, excepté le jour;
Le Curé fait là son séjour.
On n'y peut marcher sans lanterne,
A moins que d'aller à tâton :
Tel étoit l'antre de Triphon,
Telle à Lemnos fut la caverne
De cet immortel forgeron
Mari boiteux d'une guenon,
Tels on peint les bords de l'Averne
Et le noir Palais de Pluton.
Sur deux chambres illuminées
Par le tuyau des cheminées,
Les poutres & les soliveaux

Soutenus par quelques poteaux,
Font un lambris en découpure
Dont chaque jour la pourriture
Fait defcendre quelques morceaux.
On voit fur la pierre verdâtre
Des vieux murs faits fans chaux ni plâtre,
Charrier de toute façon,
L'Efcargot & le Limaçon.
Aux quatre coins de la tanniere,
La Taupe fait fa Taupiniere,
La Chauve-Souris, le Hibou
En font leur funébre voliere,
Et tout ce qui craint la lumiere
Au pauvre Curé dans fon trou
Ne laiffe fermer la paupiere.
D'un Saint, d'un chimifte ou d'un fol
Ce doit être la réfidence.
Cet épouventable manoir
Pourroit, comme à la pénitence,
Servir au crime le plus noir.
On feroit dans ce lieu perfide

Le fortilége, le poifon
Tout auffi bien que l'Oraifon.
Il n'eft ni porte ni cloifon
Qui puiffe défendre l'entrée
De cette lugubre maifon
A l'impitoyable Borée,
Quand il fouffle fur l'horifon.

   Par un toit de paille pourrie
Ainfi qu'à travers d'un panier
La pluye innonde le grenier,
Defcend par cafcade au cellier
Redonde jufqu'à l'écurie.
Dans la chambre, s'il ne fait beau,
On a befoin de fon manteau,
Et même au lit de parapluye
Contre les infultes de l'eau.
Dans cette loge délabrée
Une bonne toile cirée
A mon lit fervoit de rideau,
Et fous cette alcove affurée
Je mettois à l'abri Boileau,

Qui fut toujours de ma chambrée,

Et mon Breviaire & mon bureau,

Plus mal campé toute l'année

Que nos François fur le Moldeau. (*)

On nous dit qu'autrefois la Grece

Vit l'indigence & la fageffe

Loger enfemble en un tonneau,

Mais peut-être que le Cinique,

Dix degrés plus loin du Tropique,

Et dans les neiges du Morvan,

Eut vû fa conftance réduite

A fe chauffer en meilleur gîte

Des douves de fon paravent,

Car là notre mere nourrice

Nature, à l'ombre de ces Monts

A voulu faire une glaciere

Aux vins & buveurs Bourguignons.

Là le genêt & la fougere

Couvrent les ftériles guérets.

(*) *Riviére de Prague.*

En tout tems la triste Bergere
Y tranfit au bord des Forêts :
Une récolte de navets
Y réduit la terre legere
A repofer fix ans après.

Tu vois que l'on fait maigre chere
Dans un fi miférable lieu ,
On y fait encore moins bon feu ,
Parmi les piles entaffées
Pour tous les foyers de Paris.
Dans le fond des hûtes glacées
Fument quelques rameaux pourris,
Ou quelques branches écornées
Qu'on brule en Ville à meilleur prix.
Malheur à qui feroit furpris
Chargé d'un fagot de ramée,
Qu'entoure une meute affamée
De Gardes, ennemis jurés
De tout honneur & des Curés.
Ainfi, pour comble de mifere,

Pasteur d'un peuple bucheron
Dans un climât demi-Lapon
Je manquois du plus nécessaire,
N'ayant pas souvent de quoi faire
A demi rôtir un chapon.

Ami , voilà du Presbytere
Le plan tiré du bon côté :
Si depuis que je l'ai quitté
Les vents ne l'ont jetté par terre,
Je consens qu'il soit confronté,
Et veux bien passer pour faussaire,
Si je n'ai dit la vérité.
Dans les revers de ma fortune
C'est un talent qui m'est infus,
De fuir un mal qui m'importune,
Et d'en rire quand il n'est plus.

F I N.

www.ingramcontent.com/pod-product-compliance
Lightning Source LLC
Chambersburg PA
CBHW051201050726

47594CB00007B/3002